RAPPORTS

SUR LES

MINES ET FONDERIES

DE FURSTENBERG (BADE)

RAPPORTS

SUR LES

USINES, FONDERIES

MINES DE PLOMB ET CUIVRE ARGENTIFÈRES

DU FURSTENBERG (Bade)

—:-o-:—

PARIS

IMPRIMERIE POUPART-DAVYL ET Cie

RUE DU BAC, 30

—

1861

MÉMOIRE

SUR UNE VISITE A L'USINE ET AUX MINES DU FURSTENBERG

Paris, 23 septembre 1861.

Vers la fin du mois de juillet dernier, nous avons fait une visite d'une huitaine de jours à l'usine ainsi qu'à deux mines dont MM. Degournay et Landry sont propriétaires, et nous allons résumer, dans ce mémoire, les renseignements que nous avons pris nous-mêmes ou que nous avons recueillis, principalement auprès de M. Springmann.

Il est utile de dire tout d'abord que le maître mineur nous a semblé mériter confiance : nous avons pu, d'ailleurs, contrôler nous-mêmes l'exactitude de quelques-uns des renseignements qu'il nous donnait. Le steiger possède sur les divers minerais et filons du pays, sur leur nature, sur les travaux antérieurs dont ils ont été l'objet, des connaissances étendues et précieuses, qu'il a recueillies, dans un travail de dix-huit années, au milieu de ces mines; et ce serait une bonne fortune, pour une exploitation nouvelle, de posséder un maître mineur aussi expérimenté et aussi intelligent.

MINES.

La concession des mines comprend environ soixante-dix filons reconnus et ceux que l'on pourrait découvrir encore, à l'exclusion des filons et mines de fer que le prince de Fürstenberg s'est réservés.

Ces filons contiennent divers minerais : cobalt argentifère, galène argentifère, sulfate de plomb, carbonate de plomb, cuivre pyriteux, cuivre panaché, cuivre carbonaté, cuivre silicaté, etc., nous les avons trouvés réunis dans la collection que possède l'usine. La galène, en particulier, est fréquemment à petites facettes, ce qui, comme l'on sait, est souvent l'indice d'une forte teneur en argent. Les minerais de cuivre sont purs et doivent bien se prêter au traitement métallurgique. Nous n'avons pu constater la présence du cuivre gris ; et si les minerais de cuivre contiennent de l'arsenic et de l'antimoine, ce n'est, sans aucun doute, que dans une proportion qui ne complique pas le traitement métallurgique.

Sur la carte générale des mines concédées, on peut constater que, comme dans tout ensemble de filons, il y a certaines directions principales ; deux surtout sont nettement définies. On remarque, en particulier, que trois de ces filons se coupent près de Friedrich-Christian, et, sans doute, les points de croisement recèlent un amas considérable de matières minérales.

De tous ces filons nous n'avons visité que celui de Friedrich-Christian et celui de baryte.

MINE DE BARYTE.

Le filon de sulfate de baryte traverse la montagne du Hundskopf. Il est enfermé dans les gneiss et voisin des porphyres, que l'on trouve en décomposition près de la crête de la montagne. Ce filon est nettement indiqué par son affleurement, et se dessine en crête saillante. Il s'approche de la verticale; sa puissance est énorme : six mètres et jusqu'à dix mètres. On l'a exploité jadis à ciel ouvert, et probablement comme fondant des minerais de plomb à gangue de spath-fluor. Actuellement l'exploitation se fait par des galeries poussées dans la masse minérale et débouchant sur le flanc de la montagne. Leur section est considérable, et, en quelques endroits, leur largeur est presque celle du filon : elles se soutiennent néanmoins sans boisage, car le filon, son toit et son mur sont très-solides.

C'est la galerie supérieure qui offre le plus grand développement et qui présente la baryte la plus pure, parfaitement blanche, avec de larges faces cristallines. A l'endroit où elle débouche au jour, s'élève un bâtiment en bois, comprenant, au rez-de-chaussée, l'atelier de cassage, et, au premier étage, le bureau de comptabilité et la chambre du gardien.

La préparation de la baryte se fait sur place et est extrêmement simple : elle consiste en un simple cassage au marteau et un triage à la main. Jusqu'ici on a laissé sur place toute celle qui présente quelque coloration et dont le poids peut être évalué à 6,000 tonnes.

A la galerie située au-dessous, le sulfate de baryte, parfaitement exploitable encore, pour donner le blanc de baryte du commerce, offre déjà des veines vertes, qui indiquent la présence du cuivre. Ce fait peut donner à supposer que le sulfate de baryte n'est que la gangue d'un filon de cuivre, que l'on rencontrerait dans la profondeur. C'est, en effet, le plus généralement, la manière d'être de cette substance minérale.

Ces indices deviennent beaucoup plus nets dans l'amorce de galerie, qui vient d'être construite plus bas encore : là, on trouve un véritable petit filon de cuivre.

On pourrait d'ailleurs reconnaître, à peu de frais, si le filon s'enrichit réellement en cuivre, dans la profondeur, en l'attaquant par une galerie, au-dessous de celle dont je viens de parler et dans le voisinage du thalweg de la vallée.

On pourrait aussi constater, sur la carte générale des filons, si sa direction se rapproche de celle des filons de cuivre, dont il serait lui-même contemporain.

La baryte, séparée par triage, est schlittée jusqu'au bas de la montagne, et là est déposée sous un petit hangar, d'où on la conduit, sur des voitures, à l'usine, située en aval, à huit kilomètres environ. La route est bonne, bien entretenue, ne présente pas de rampes, et l'on peut charger 1,500 kilogrammes environ sur une voiture traînée par deux bœufs.

Nous parlerons, en décrivant l'usine, du broyage que subit la baryte et des frais qu'entraînent les diverses opérations dont elle est l'objet.

UTILISATION DE LA BARYTE.

Cette exploitation de la baryte est destinée, sans doute, à acquérir une importance bien plus considérable, depuis que les usages de cette substance tendent à se généraliser, et principalement depuis les travaux récents de M. Kühlmann.

(Voir, à ce sujet, les comptes rendus du *Moniteur* et de la *Presse* des 28 mars 1857 et 19 décembre 1858.)

La baryte est destinée à remplacer le blanc de céruse et le blanc de zinc; elle a sur le premier l'avantage de la salubrité, sur les deux, celui de l'économie. Si elle devait être employée à l'état de ténuité extrême que donne la précipitation chimique, on arriverait à la produire sous cette forme, par des réactions industrielles simples et peu coûteuses.

L'abondance de la matière, sa pureté exceptionnelle, le

bas prix du bois dans le Fürstenberg, permettraient à une fabrication établie dans des conditions si propices de défier toute concurrence.

L'acétate de baryte, qui a acquis depuis peu une importance si grande dans la question des mordants, pourrait aussi donner lieu à une fabrication lucrative, et même, si l'usine traitait ses minerais, rien ne serait plus facile que de recueillir les goudrons provenant de la carbonisation en meules (comme cela se pratique à Audincourt pour la fabrication du pyrolignite de fer et de l'acide acétique), et de se servir de ces produits de la distillation du bois pour fournir à l'acétate de baryte son acide. De cette manière, la fabrication du charbon compléterait celle de l'acétate.

Parmi les nombreux usages auxquels se prête le sulfate de baryte, je signalerai encore la fabrication des verts anglais. Ces couleurs contiennent jusqu'à 85 0/0 de leur poids de sulfate de baryte. Ils se fabriquent dans des usines situées dans des conditions économiques en tout point inférieures à celles de Fürstenberg. Ne pourrait-on point utiliser, pour cet usage, les amas immenses de sulfate de baryte qui se trouvent auprès des galeries d'extraction, et qui ne peuvent être employés pour donner le blanc de baryte du commerce?

MINE DE FRIEDRICH-CHRISTIAN.

Le filon de Friedrich-Christian traverse la vallée de Wildschapbach, il est intercalé dans les gneiss et possède une inclinaison nord-sud de 75°, jusqu'à la profondeur de 30 lachter. (On sait que le lachter équivaut à 2 mètres environ.) A partir de là, il se plie suivant l'inclinaison, 75° sud-nord. Sa puissance moyenne est d'un lachter 1/2. Il se compose de quartz, spath-fluor, sulfate de baryte. Un puits incliné, situé dans le filon, a permis de le reconnaître sur une profondeur de 40 lachter. Plusieurs galeries, conduites à travers la matière minérale, partent de ce puits : trois de ces galeries se dirigent à l'ouest, une autre vers l'est ; la première galerie, vers l'ouest, se trouve à 10 lachter.

A la profondeur de 30 lachter, on rencontre deux galeries, l'une à l'est et l'autre à l'ouest ; la galerie la plus profonde se trouve à 40 lachter à l'ouest. Cette galerie d'allongement, prolongée sur 178 lachter, a fait découvrir un amas considérable de minerais de plomb et de cuivre, qu'on a abattus à peu près complétement sur une longueur de 80 lachter.

Entre les galeries, à 30 lachter et à 40 lachter, on y a trouvé :

> Minerais de plomb, 0^m 60 cent;
> Minerais de cuivre et plomb, 1^m 20 cent;
> Pyrite cuivrée et silberbism, 7^m 20 cent;
> Un peu de plomb sulfuré.

Les filons de cuivre et de plomb sont, en général, séparés, et le cassage au marteau, suivi du triage à la main, permet d'isoler à peu près complétement les deux minerais. La galène est particulièrement argentifère.

La coupe des travaux, dont je donne ici le croquis, fera mieux comprendre les indications qui suivent :

Le puits est le puits des anciens conduit suivant l'inclinaison du filon. Il contient les échelles et les deux pompes : celles-ci sont commandées par de longs varlets en bois, qui reçoivent leur mouvement d'une roue à augets, en dessus, installée au jour, un peu au-dessus du Wildschapbach. Cette roue a une hauteur de 4 mèt. environ, elle tourne avec une vitesse trop grande pour que la chute soit convenablement utilisée ; elle est insuffisante pour assurer l'assèchement constant de la mine.

Aussi la Société des mines de la Kinzig avait-elle commencé des travaux destinés à assurer la mine contre l'invasion des eaux.

Au lieu d'une chute insignifiante, comme celle que l'on utilise encore, elle songea à admettre les eaux sur une petite roue, placée (en B), auprès du puits vertical, et destinée à l'extraction et à la conduire ensuite sur une grande roue de 48 pieds de hauteur, affectée à l'épuisement. Cette roue devait être établie entre la galerie à 10 lachter et la galerie principale (fig. I.); elle devait relever les eaux du fond jusqu'à la hauteur de 10 lachter, d'où une galerie d'écoulement conduirait au jour les eaux motrices et les eaux du fond.

D'après cela, les travaux consistaient dans :

1° Le fonçage d'un puits (*a. b.*) vertical, à travers les gneiss qui comprennent le filon, et qui devait servir à l'extraction des eaux et des matières minérales;

2° Une chambre pour installer la grande roue hydraulique de 48 pieds A;

3° Une galerie d'écoulement des eaux, partant de la galerie à 10 lachter;

4° Une galerie destinée à amener les eaux du Hirschbach sur la petite roue B, servant à l'extraction, et, de là, sur la grande roue d'épuisement A;

5° Une conduite d'eau au jour (pour l'eau du Hirschbach).

Les travaux ont été exécutés en grande partie; le Mémoire du steiger donne le devis des dépenses à faire pour les terminer. Elles consistent principalement dans l'achèvement de la galerie d'écoulement, sur une longueur de 12 lachter, l'approfondissement du puits de 18 lachter, le matériel d'extraction et d'épuisement, etc.

Enfin, pour n'être pas à la merci des eaux et pouvoir pousser rapidement l'extraction des minerais, on a songé à établir une machine de vingt chevaux, qui figure également dans le devis et qui agirait avec ou sans le secours des roues hydrauliques.

L'établissement de cette machine mettrait l'exploitation à l'abri de toute éventualité fâcheuse.

Nous n'avons pu, malheureusement, visiter le filon qui est mis à découvert par le nouveau puits; le jour de notre arrivée à Oberwolfach, un accident était survenu à la roue d'épuisement, l'une des manivelles s'était rompue, les eaux avaient envahi la mine, tandis qu'on retenait les eaux motrices pour les employer au flottage des bois, opération qui dure, chaque année, une dizaine de jours; mais il ne nous était pas permis de douter de l'existence, sous ces eaux, d'un filon bien exploitable, quand nous avions sous les yeux tout cet ensemble de travaux antérieurs conduits avec une régularité qui est elle-même un gage de la bonne allure du gîte minéral. Nous avons pu néanmoins examiner à l'usine divers échantillons, et même des morceaux énormes qui ont été arrachés par diverses personnes, et voici ce que nous avons pu constater :

Les minerais de cuivre consistent principalement en malachite, cuivre panaché, cuivre pyriteux; s'ils renferment de l'arsenic et de l'antimoine, ce ne peut être que dans une proportion peu dangereuse pour le traitement métallurgique. La gangue consiste en spath-fluor, quartz, sulfate de baryte; elle est peu agrégée et peut être facilement séparée en grande partie.

Quant à la richesse, nous ne l'avons pas déterminée par une analyse qui, pour pouvoir fournir des renseignements applicables au traitement métallurgique, eût exigé une prise d'essai que nous ne pouvions faire; mais, à l'aspect seul, on juge immédiatement que des minerais aussi beaux et aussi purs que ceux qui ont été mis sous nos yeux doivent se prêter très-avantageusement à l'exploitation et au traitement métallurgique.

On sait, en effet, que des minerais de cuivre, même à 4 ou 5 0/0, donnent maintenant lieu à un traitement lucratif.

Il se peut, qu'en s'enfonçant dans la profondeur, le filon change partiellement de nature; que la malachite, produit d'altération par les eaux superficielles, disparaisse, et que la pyrite cuivreuse soit le seul minerai de cuivre qui existe au-dessous de la zone d'action des agents atmosphériques. En tout cas et selon toute probabilité, le minerai sera tout aussi beau et tout aussi riche dans ces régions encore in-exploitées.

Nous mentionnerons encore les dépendances suivantes de la mine de Friedrich-Christian.

A la suite de la mine se trouve un petit bâtiment destiné au cassage et au triage.

Un peu en amont et du même côté du ruisseau, il existe un hangar.

Un autre bâtiment (rez-de-chaussée et grenier), de l'autre côté du ruisseau, renferme : une forge maréchale, un dépôt d'instruments à l'usage du mineur.

Dans le grenier, nous avons vu la turbine qui venait d'être installée dans la mine Saint-Bernard.

La distance de la mine de Friedrich-Christian à l'usine est de 6 ou 7 kilomètres ; la route est bonne, et l'on peut compter, pour frais de transport, 2 kreutzer 5 par centner, ou 1 fr. 65 c. par tonne.

USINE.

L'usine est située à peu près au centre du groupe des mines concédées.

A environ 65 mèt. en amont du bâtiment principal, prend naissance un canal de dérivation de la Wolff, qui amène les eaux motrices nécessaires aux quatre roues hydrauliques de l'usine.

Quoique le barrage, mal entretenu, laissât perdre une partie des eaux, et que le niveau de l'eau fût de 20 centim. au moins inférieur à son niveau normal, nous a-t-on dit, nous avons trouvé, par une détermination assez approxi-mative d'ailleurs, que la force du cours d'eau était de trente-huit chevaux dans ces circonstances.

Nous ferons remarquer que si cette force devenait insuffisante, par suite de développements donnés à l'usine, ou pourrait, à peu de frais, créer une chute beaucoup plus forte en établissant le barrage et la prise d'eau en amont du point où ils sont actuellement installés. Le terrain nécessaire pour cet objet est déjà la propriété de l'usine.

Je ne m'arrêterai pas à une description détaillée des diverses parties de l'usine, j'indiquerai néanmoins leur agencement et leur destination.

Le bâtiment principal, dont le croquis ci-joint représente la distribution, se présente à peu près parallèlement à la route de Schapbach et adossé au cours d'eau ; l'une des ailes en retour contient, au rez-de-chaussée, les meules et le bocard à baryte ; à l'entre-sol, un logement de contre-maître ; au premier et au deuxième étage, les appartements de la direction.

L'autre aile renferme les fourneaux de cuivre et de plomb, et le bâtiment de long pan intermédiaire contient, au rez-de-chaussée, les laveuses, le bocard à minerai et la soufflerie. Les greniers se trouvent au-dessus, et sont recouverts d'une charpente en bois d'un luxe de solidité remarquable.

ATELIER MÉTALLURGIQUE.

Il contient un fourneau à manche pour le plomb, un four de coupellation, un four à manche pour le cuivre et un foyer d'affinage. On remarque l'absence de chambres de condensation pour recueillir les fumées riches en plomb et en argent.

SOUFFLERIE.

La soufflerie se compose de deux cylindres à double effet. Le rayon est de 0^{m}54, la course de 1^m. Deux bielles en fer, à section circulaire, s'articulent à deux manivelles portées par l'arbre de la soufflerie : celui-ci est commandé par la roue hydraulique au moyen d'un engrenage.

La roue hydraulique de la soufflerie est, comme les trois autres, enfermée dans un petit bâtiment en planches, couvert d'un lattis en bois, qui épouse, à la partie supérieure, la forme de la roue.

Elle s'emboîte dans un coursier en bois; un canal en bois amène l'eau motrice. Voici les dimensions principales de la roue : rayon, 2^{m}00; largeur, 1^{m}48. Les palettes ont 0^{m}54 de hauteur, l'arbre en bois a 0^{m}54 de diamètre, ses tourillons métalliques, de 0^{m}12, sont consolidés par des frettes en fer. La couronne est double, et chacune de ses parties est soutenue par un système de six bras, dont les dimensions sont 8 sur 16.

BOCARD (A GRILLE).

L'appareil broyeur possède quinze flèches, formant trois batteries; auprès de la première batterie, composée de trois flèches, se trouve un crible, destiné à séparer les morceaux qui doivent repasser encore au travail de cette batterie. Les deux autres systèmes de flèche (composés chacun de six) reçoivent le minerai qui a passé au crible. Ce bocard est en très-bon état, il est solidement construit, présente une grande puissance; les flèches ont 12 cent. de côté, 4^{m}20 de hauteur, un labyrinthe fait suite à l'appareil broyeur.

Celui-ci est mû par une roue à palettes, emboîtée dans un coursier en bois, alimentée d'eau par un canal spécial. La chute est de 1^m,04; le rayon de la roue de 2^{m}22, sa largeur de 1^{m}46. Les bras ont 0^{m}17.

Le croquis ci-contre (fig. II.) indique le mode de construction solide de cette roue. Les assemblages des pièces, faits à mi-bois, sont consolidés par des ferrures : il y a deux de ces réseaux à 0ᵐ 80 environ de distance, et chacun soutient une des couronnes sur lesquelles se fixe la jante.

Une pompe dont la tige s'articule à une manivelle de l'arbre de la roue hydraulique, donne l'eau nécessaire au bocard et aux laveuses.

Les engrenages qui transmettent le mouvement à l'arbre moteur des flèches ont été construits en bois, en vue des chocs auxquels l'appareil est nécessairement soumis.

LAVEUSES.

Les laveuses sont au nombre de quatre, réunies dans le même atelier, elles sont commandées par une troisième roue hydraulique, qui peut aussi, par une disposition d'embrayage convenable, faire marcher le groupe des trois meules à baryte.

L'eau motrice est celle qui a fait marcher la soufflerie ou le bocard, ou encore les quatre meules. Réciproquement on peut diriger l'eau des laveuses sur la roue des quatre meules.

Les dimensions principales de la roue hydraulique sont les suivantes :

Rayon intérieur à la jante........... 2ᵐ 30.
Jantes............................... 0ᵐ 12 sur 0ᵐ 16.
Bras................................. 0ᵐ 11 sur 0ᵐ 13.
Largeur de la roue................... 1ᵐ 50.
Longueur des palettes................ 0ᵐ 35.
Distance des jantes.................. 0ᵐ 88.

La chute est de 1ᵐ 18 ; le système de construction est le même que celui de la roue du bocard.

Les laveuses elles-mêmes sont construites d'après le type ordinaire.

La caisse a 3ᵐ 65 de longueur et 1ᵐ 89 de largeur.

J'indique, comme détails, le mode de transmission de mouvement de l'arbre moteur à l'appareil laveur.

La manivelle K. commande un pas de vis qui permet de faire avancer ou reculer le manchon intérieur E, (fig. III.) et, par suite, d'augmenter ou de diminuer l'amplitude de la secousse; la caisse D sert à équilibrer le poids des leviers K, E, F, L.

MOULINS A BARYTE.

L'atelier de préparation de la baryte comprend le bocard et les meules.

Celles-ci sont divisées en deux groupes : l'un en comprend quatre et l'autre trois.

Une roue hydraulique donne le mouvement aux quatre meules et au bocard de la manière suivante :

Sur son arbre est calée une roue A (fig. IV.) de 3^m de diamètre ; elle a six bras, frettés en fer, réunis en leur milieu par une couronne juxtaposée ; elle devait recevoir une courroie pour faire marcher les trois meules.

La roue B (1^m, 20 — rayon) a ses six bras en fer et ses dents en bois.

La roue C a 1^m 05 de rayon et forme roue d'angle avec la roue D (K — 0^m 47.) Enfin, la roue E (1^m 45) commande quatre pignons F en fonte, qui font tourner les meules inférieures de chacun des moulins.

Les meules inférieures sont mobiles et peuvent être élevées ou abaissées au moyen d'un mécanisme indiqué, et qui sert à relever ou abaisser la poutre A (fig. V.), et, par suite, la meule.

On remarquera aussi le petit volant m, qui sert à débrayer quand on le veut.

Le palier C est soutenu par la tige filetée K.

On emploie, pour les meules, le grès *vosgrin*, dont le grain est assez fin pour donner la baryte en poudre impalpable, après les cinq passages qu'elle subit ordinairement.

2

La roue A commande encore une roue placée à une certaine hauteur (K — 0^m 78), et dont l'arbre est celui du bocard.

On peut relever ou abaisser à volonté cet arbre en agissant avec la main sur un long levier du premier genre, d'où pend une tringle reliée à un collier entourant l'arbre : on peut ainsi arrêter le mouvement.

Le système des trois meules est disposé d'une manière analogue à celui qui vient d'être décrit.

Tous ces appareils sont bien construits, solidement établis et en très-bon état.

AUTRES BATIMENTS.

Du bâtiment principal dépendent plusieurs constructions que j'indique brièvement.

Près de l'atelier de la baryte, un hangar en bois pour cette substance ; les dimensions sont : largeur, 4^m 67 ; longueur, 13^m 10.

Près de l'aile opposée, une construction dans le genre du bâtiment principal, comprenant, au premier étage, des chambres d'ouvriers, et, au rez-de-chaussée, le laboratoire, le dépôt des instruments, la cave, ainsi qu'il est indiqué au croquis.

Sur la rive gauche du canal de l'usine, on trouve une construction en bois, avec soubassement en gneiss, dont les dimensions principales sont : 11^m 50, côté parallèle au cours d'eau ; 12^m 50, côté perpendiculaire. Un hangar en appentis est adossé à ce bâtiment.

Sur la même rive, enfin, un hangar en bois, à soubassement de gneiss (8^m 20 sur 5^m 50.)

Considérations générales.

La seule mine actuellement exploitée est la mine de baryte. Les nombres suivants indiquent combien l'exploitation est avantageuse et combien elle le deviendra davantage en core, si les débouchés se multiplient, si les usages de la ba ryte se généralisent, comme telle semble d'ailleurs la tendance actuelle. Il n'y a pas, d'ailleurs, je crois, d'exemple d'un filon aussi abondant et aussi pur, et cette masse minérale est presque inépuisable.

Prix de revient de la baryte de première qualité, rendue à Paris; *par tonne :*

Abattage, triage, transport à l'usine......	15 f.	»
Mouture (4 ouvriers recevant 10 fr. produisent 5 t.................................	2	
Tonneaux (ou embarillage).............	6	
Transport de l'usine à Strasbourg.........	12	50
Transport de Strasbourg à Paris..........	16	50
Total..........	52	»

Cette qualité, qui revient à 52 fr. (frais spéciaux seulement), se vend 90 à 100 fr. Les frais généraux sont presque nuls.

De même, pour le prix de revient de la deuxième qualité, on a les éléments suivants :

Transport en schlitt...................	1 f.	50.
Transport en voiture à l'usine...........	2	50
Mouture......................	1	50
Tonneaux.....................	6	»
Transport de l'usine à Strasbourg........	12	50
Transport de Strasbourg à Paris.........	16	50
Total...........	40	50

Le prix de vente, à Paris, est de 60 à 65 fr.

On n'a pas compté l'abattage, qui entre dans le prix de revient de la première qualité.

Quant aux filons métalliques du Fürstenberg, ils offrent un ensemble d'une grande richesse et d'une grande variété. Mais une exploitation nouvelle devrait concentrer ses efforts sur une ou deux mines seulement, celles de Friedrich-Christian et de Saint-Bernard, par exemple, et ne pas gaspiller ses capitaux en des recherches coûteuses sur un grand nombre de filons, comme l'a fait la Société des mines de la Kinzig.

En ne s'occupant que de Friedrich-Christian, par exemple, on a à faire les dépenses du premier établissement, indiquées dans le Mémoire du steiger, et on entre immédiatement dans une exploitation productive. Pour rendre plus palpable l'avenir de cette mine, le Steiger a fait voir, pour une dépense de huit mois, après le premier établissement terminé, quels seraient, d'une part, les frais spéciaux d'extraction du minerai, quel serait, d'autre part, le prix de la matière vénale extraite. Mais, après cette première période, les travaux préparatoires auraient déjà permis de découper de nouveaux massifs, qui pourraient, dès lors, être également abattus.

Les chiffres suivants feront comprendre dans quelles conditions, en tout point avantageuses, l'usine se trouve située.

La corde allemande, de 146 pieds cubes, ou 4 stères environ, se vend 7 à 8 fr.

Le bois pour les mines ($0^m 20$ de 10 mètres) coûte 0 f. 30 le pied cube, ou 11 fr. le stère; le bois de dimension plus forte ($0^m 40$) coûte 0,50 le pied cube, ou environ 18 fr. le stère.

Le millier de briques réfractaires coûte 90 à 100 fr.; celui de briques ordinaires coûte 30 fr.

100 livres de poudre coûtent 34 fl.

Le charbon de bois se vend :

Pour la main d'œuvre, les prix sont les suivants :

Un bon fondeur............... 1 fl. 30 k., soit F.

Un aide-fondeur............. 1 fl.

Un manœuvre............... 48 k.

Un charpentier............... 1 fl.

Un voiturier, son équipage (che-
val et voiture)..................   3 fl.
  Un maçon..................   1 fl. 12 k.
  Un menuisier..............   48 k.
  Une femme.................   36 k.
  Un enfant.................   16 à 20 k.

Ces renseignements ne peuvent servir qu'à établir impar-
faitement le prix de revient du minerai : ce ne pouvait ,
d'ailleurs, être le but de notre étude sur les mines du Fürstenberg. Il eût fallu y consacrer un temps beaucoup plus
long, et faire même quelques essais indicatifs.

Nous n'avons pas eu davantage la prétention d'établir le
prix de revient de la tonne de cuivre ou de plomb : il eût
fallu connaître d'une manière certaine la richesse du minerai, son prix de revient, sa nature, en particulier la proportion d'arsenic et d'antimoine contenue, etc.

Il aurait fallu, en outre, étudier, d'après ces éléments,
quelles seraient les opérations métallurgiques suffisantes et
nécessaires.

Il résulte aussi des nombres qui précèdent, qu'il y aurait
grand avantage à réunir le traitement métallurgique à l'exploitation; car, outre le bénéfice que le traitement procure
aux fondeurs, on réaliserait l'économie considérable qui
provient de la différence des prix entre ces usines et celle
du Fürstenberg, tant pour la main-d'œuvre que surtout pour
le transport des matières minérales ou le combustible.

D'ailleurs, l'usine existe déjà, et, il n'y a pas longtemps,
elle traitait les minerais que fournissaient les mines.

Elle présente un vice radical : il n'y a pas d'appareil de
condensation pour recueillir les fumées de plomb.

Et l'on sait que la perte du métal et celle de l'argent peuvent, en l'absence des chambres de condensation, s'élever à
une fraction considérable du poids du plomb contenu dans le
minerai (40 0/0 dans certaines circonstances).

En résumé, il y a là les éléments d'une belle et grande entreprise ; on doit attribuer la cessation des travaux dans la mine de Friedrich-Christian, non pas à un appauvrissement du filon, mais à l'insuffisance des moyens d'assèchement de la mine dont disposaient les anciens exploitants. Il y a lieu de croire, au contraire, que le filon s'enrichit dans la profondeur, et qu'il donnera lieu à une exploitation très-avantageuse. On pourra, d'ailleurs, entrer rapidement en pleine exploitation. Quant à l'usine, elle a dû éteindre ses fourneaux par suite de la mauvaise exploitation des mines, des pertes considérables, des matériaux entraînés dans les fumées, et peut-être aussi d'un traitement métallurgique imparfait. Mais les conditions économiques exceptionnellement avantageuses où se trouvent situées les mines et usines du Fürstenberg, le chiffre peu élevé des dépenses de premier établissement nécessaires après les coûteuses recherches de l'ancienne exploitation, font présager un avenir brillant à une exploitation et à un traitement métallurgique bien entendus et aidés des moyens que la science actuelle met entre les mains des nouveaux exploitants.

Une usine de produits chimiques pourrait, peut-être, être établie par la suite et compléter cette grande entreprise.

Tout ce que nous regrettons de cette visite, c'est de n'avoir pas vu, de nos propres yeux, le filon de Friedrich-Christian; car, y rencontrant un minerai aussi beau dans sa moyenne, que les volumineux échantillons qu'offre la collection de l'usine, nous aurions pu nous prononcer avec une pleine conviction.

Les renseignements qui suivent, relatifs à l'ancienne exploitation des minerais de plomb à Friedrich-Christian, nous ont été donnés par le steiger.

24 parties de minerai de plomb en volume donnent une partie de minerai pur en volume; et comme le minerai brut pèse un centner (50 kil.) environ, et le minerai pur 2 centner, le rendement en poids serait 1/12 minerai pur.

L'exploitation est facilitée, d'ailleurs, par la nature sableuse de la gangue.

Quant aux frais spéciaux de l'extraction, on peut compter un florin pour un pied cube de minerai préparé et pur, et on peut admettre 10 florins pour son prix de vente sur place.

Paris, le 23 septembre 1860.

Signé : **Henry,**

Ingénieur civil des mines, rue de Flandre, 60, à Paris.

RAPPORTS

SUR

LES MINES DE FRIEDRICH CHRISTIAN, HERRENSEGEN ET SAINT-BERNARD.

Le filon de Friedrich-Christian se dirige de l'est à l'ouest, obliquement sur la vallée du Wildschapbach, entre la 8ᵉ et la 9ᵉ heure (1). Son inclinaison entre la galerie principale et la galerie de 30 lachter (60 mètres) est de 75° nord-sud ; entre la profondeur de 30 lachter et celle de 40 lachter, il possède la même inclinaison, mais symétrique et sud-nord. La puissance du filon est en moyenne de 1 1/2 lachter (3 mètres) ; il est formé de quartz, spath-fluor, sulfate de baryte, avec un peu de chaux carbonatée. Il est ouvert sur une profondeur de 40 lachter (80 mètres) par un puits d'où partent des galeries dirigées sur le filon, 3 à l'ouest et 1 à l'est. La première se trouve à 10 lachter de profondeur, une autre à l'ouest et une à l'est à 30 lachter ; la 3ᵉ galerie, à l'ouest, a 40 lachter (80 mètres). Cette dernière a été conduite à 178 lachter, et ce percement a découvert un gîte minéral de 80 lachter de longueur et d'une puissance moyenne de 5 pouces de minerais de plomb et de cuivre. Ce gîte a été exploité pour la plus grande partie au-dessus du faîte, et les minerais situés au-dessous de la galerie ne peuvent

---

(1) Le cercle est divisé en 24 heures dans le sens du mouvement des aiguilles d'une montre : 0 h. et 24 h. correspondant au nord ; 6 h. correspondant à l'est, etc.

être abattus à cause de l'insuffisance de la machine d'épuisement actuelle : c'est une roue hydraulique de vingt pieds de hauteur et d'environ sept chevaux. Cette force, à cause de la mauvaise construction de la roue, est complétement dépensée à la profondeur actuelle.

Pour remédier à ces inconvénients, les travaux préparatoires suivants furent entrepris en vue d'établir une nouvelle machine plus puissante :

1° Une chambre pour une roue de 48 pieds de hauteur entre la galerie principale et la galerie à 10 lachter (20 mètres);

2° Un puits dans la roche avoisinante pour pouvoir descendre verticalement;

3° Une galerie de fond ou d'écoulement qui débouche en avant dans la galerie à 10 lachter, offrant écoulement aux eaux élevées d'un niveau inférieur à 60 pieds;

4° Une galerie de conduite d'eau pour pouvoir diriger l'eau du Wildschapbach sur une roue à deux systèmes d'augets (*kehrrad*) (1) ou roue d'extraction, et de là sur la grande roue d'épuisement;

5° Une conduite d'eau au jour qui doit être pratiquée en partie à travers les terres, en partie à travers la roche.

Ces travaux préparatoires n'ont pas été complétement terminés, et ils exigent pour leur achèvement complet les dépenses suivantes :

Canal d'eau au jour avec levées et défenses. . . . . 375 fl.

Galerie de conduite d'eau à pousser encore à 12 lachter (24 mètres) à travers le rocher, à 70 florins le lachter. 840

A reporter. . . . . 1.215 fl.

____

(1) *Kehrrad*, signifie une roue en dessus qui peut tourner dans un sens ou dans l'autre. on dirige à cet effet l'eau sur tel ou tel côté de la roue : celle-ci forme en quelque sorte deux roues accouplées où les augets ont des dispositions différentes, suivant le sens du mouvement auquel ils sont destinés.

Report..........	1.215 fl.
Extraction des déblais en provenant.....	50
Plancher du canal d'eau de cette galerie et boisage de la même....................	157
Boisage du toit depuis le parement est de la chambre de la roue d'extraction jusqu'au parement ouest du puits (longueur 13 lachter = 26 mètres)......................	144
Déblaiement de la chambre de la roue d'extraction...............................	500
Déblaiement de l'espace du tambour et de la place de chargement...................	590
Boisage du parement nord de la chambre de la roue d'extraction..................	162
Pour la machine à molettes, sa roue et la roue du tambour.......................	240
Pour le tambour, et sa partie folle.......	250
Molettes..........................	125
Frein et arrêt.......................	350
Cordes...........................	275
Chaînes...........................	50
Petite machine......................	80
Tonnes...........................	105
Achèvement du puits d'extraction.......	800
Pour régler les varlets...............	140
Muraillement du sol de la chambre de la roue d'extraction suffisant pour la sûreté de la machine.........................	100
Fonçage du puits de 18 lachter (36 mètres) à 120 florins........................	2.160
Extraction des matériaux en provenant nécessités par le mauvais état de la machine d'extraction, à 20 florins...............	360
A reporter..........	7.853 fl.

Report . . . .   **7.853 fl.**

Ustensiles de roulage et d'extraction.   200

Pour pousser un croisement partant de la galerie à 40 lachter (80 mètres) et débouchant dans le nouveau puits, afin de venir de là en cheminée à la rencontre du fonçage, et pour créer une place de chargement.   400

Pour murailler l'ancien puits Johann voisin du nouveau.   290

Pour la conduite d'eau depuis la roue d'extraction jusqu'au jour.   175

. Pour les croisements.   160

Montures des pompes et ce qui en dépend.   590

Achèvement du puits et pompes. 2.800

Pour le compartiment des échelles.   250

Pour la conduite d'eau dans la galerie à 10 lachter (20 mètres) depuis les pompes jusqu'à la galerie de fond.   238

Pour un débouché dans la galerie de 10 lachter (20 mètres) afin de conduire les eaux de mine de cette galerie dans la galerie de fond.   30

Pour niveler sur 30 lachter (60 mètres) la galerie principale, à 12 florins.   360

Pour extraire au jour les morceaux de rocher qui se sont éboulés dans le nouveau puits, à 15 lachter (30 mètres).   190

Pour roulage à partir de la chambre de la roue d'extraction, de la place de déchargement et de la chambre de la machine à molettes.   300

Roue d'extraction (installation).   190

Pour déblayer un ancien éboulement dans

A reporter . . . .   **13.936 fl.**

Report..........	13.936 fl.
la galerie principale.....................	30
Boisage, accessoires, en tout...........	300
Pour achever la grande roue de 48 pieds et l'installer......................	900

Avec cette roue on doit, d'après les calculs de M. Arnolph Dietrich, de Saxe, arriver à une profondeur de 1,500 pieds ou 250 lachter (500 mètres), en supposant la quantité d'eau moyenne du Wildschapbach et du Hirschbach. Mais, comme souvent nous avons de fortes sécheresses et qu'on pourrait bien ne pas avoir assez d'eau motrice pour une telle profondeur, je conseillerai d'installer encore une machine à vapeur de 20 chevaux pour venir, dans ces circonstances, en aide à la roue hydraulique.

Cette machine coûterait................	8.000
Son installation coûterait.............	3.000
Pour la conduite de la vapeur..........	150

Pour terminer tous ces travaux, il faudrait une année entière, et il faudrait pendant ce temps conserver la vieille machine d'épuisement dont l'entretien coûterait.......... 1.000

Total..........	27.316 fl.

Quand tous ces travaux préparatoires seront terminés, que les machines seront installées, on pourra, avec la machine à vapeur de 20 chevaux et la roue de 48 pieds, descendre à une profondeur de 250 lachter (500 mètres), c'est-à-dire à 210 lachter (420 mètres) plus bas que la galerie actuellement la plus profonde, et on possédera alors un champ de minerai long de 80 lachter (160 mètres) et profond de 210 lachter (420 mètres). Si l'on considère la profondeur de 50 lachter supérieure de 10 lachter à la profondeur actuelle ; si l'on admet le même développement de galerie que maintenant tant à l'ouest qu'à l'est, le champ de minerai ainsi défini peut être exploité en 8 mois (sur une longueur de 80 lachter et une profondeur de 10 lachter). Il contient (la puissance moyenne étant de 5 pouces de minerai) une masse minérale de 800 lachter carrés (3.200 mètres carrés) de surface et 5 pouces d'épaisseur, soit 144.000 pieds cubes. On peut admettre que le pied cube donne un quintal de minerai pur, et que le prix de ce dernier est en moyenne de 10 florins, ce qui donne une somme de 144.400 florins.

L'abattage, l'extraction et la préparation des minerais exigeront les dépenses suivantes :

Abattage de 800 lachter à 20 florins	16.000
Outils et matériel	600
Extraction de minerais et roche correspondant à 400 lachter q. à 10 florins	4.000
Préparation de 14.400 quintaux de minerais à 12 kreutzer	2.880
Boisage de 80 lachter de galerie à 8 fl.	640
Divers boisages accessoires	900
Caniveaux et plancher de galerie pour 80 lachter à 1 florin	80
8 mois d'entretien de la machine à 260 fl.	2.080
Fer et acier	800
Frais de forge	240
Surveillance et frais d'administration	1.600
Réparations	400
Direction scientifique	400
Redevances à l'État et aux communes	300
Frais d'abattage des minerais	30.920
Travaux préparatoires et machines (indiqués plus haut)	27.316
Dépense totale	58.236 fl.

Si l'on retranche cette dépense totale du produit net 144.000 florins, il reste, outre le minerai existant sur la hauteur des 200 lachter, un excès net de 85.764 florins. Si pendant ces 8 mois on pousse toujours le puits en avant, on s'enfoncera dans ce délai de 20 toises encore sans cesser d'être sur le filon ; en conduisant encore les galeries à l'est et à l'ouest, on obtient un champ de minerai de 1.600 lachter q. qui peut être abattu en 12 mois. D'après les calculs et les indications qui précèdent, on extrairait de ce gîte les minerais qui suivent :

De la masse minérale ayant une surface de 1.600 lachter q. et une épaisseur de 5 pouces, 28.800 pieds cubes, ou 28.800 quintaux de minerai à 10 florins le quintal, donnant une somme de 288.000 florins.

Les frais d'exploitation de ce minerai sont les suivants :

Approfondissement du puits sur 20 lachter. à 109 florins	2.180
Extraction des matières et roulage à 6 fl.	120
Entrée de galerie à travers bancs et place de chargement, 2 lachter	200
Boisage du puits à 20 florins, 20 lachter	400
4 sièges de pompe avec les tiges et leurs accessoires, etc., à 150 florins	600
Echelles, 20 lachter à 4 florins	80
Cordes, 20 lachter à 3 florins	60
Abattage des 1.600 lachter q. à 20 fl.	32.000
Extraction des roches et minerais correspondant à 800 lachter q.	8.000
28.800 quintaux de minerais à préparer à 12 kreutzer	5.760
Boisage de 80 lachter de galeries à 8 fl.	640
Plancher de 80 lachter de galeries à 1 fl.	80
Outils d'extraction pour 12 mois	1.260
A reporter	51.380 fl.

Report.........	51.380 fl.
Entretien de la machine pour 12 mois, à 260 florins.....	3.120
Fer et acier pour 12 mois.......	1.200
Frais de forge à 30 florins par mois......	360
Surveillance et frais d'administration pour 12 mois.....	2.600
Direction des machines (12 mois)......	700
Boisages, accessoires divers......	960
Bois nécessaires pour cela......	1.200
Différentes redevances à l'Etat et aux communes......	600
Frais de réparations des bâtiments......	1.200
Total.........	63.320 fl.

Si l'on retranche les frais d'exploitation précédents du produit net des minerais indiqué plus haut, il reste, outre la quantité de minerais contenus dans la profondeur des 180 lachter encore inexploités à ce moment, un excédant de 224.680 florins.

Pour exploiter les 180 lachter qui restent, il faudra 9 ans, et comme les frais d'exploitation seront à peu près les mêmes, sauf pour l'extraction, comme il y a lieu d'espérer que la richesse du minerai restera la même que précédemment, on pourra exploiter le susdit champ de minerai de la mine de Friedrich-Christian dans le temps indiqué ci-dessous et avec les bénéfices suivants :

ANNÉES.		FRAIS.	PROD. NETS.	BÉNÉFICES.
		Florins.	Florins.	Florins.
1	Pour l'achèvement des travaux pré-paratoires et le fonçage jusqu'à la profondeur de 50 lachter.........	27.316		
2/3	Pour l'exploitation du gîte sur une longueur de 80 lachter et une pro-fondeur de 10 lachter...........	30.920		
	Total..........	58.236	144.000	85.764
1	Exploitation du gîte entre la pro-fondeur de 50 lachter et celle de 70 lachter.....................	63.320	288.000	224.680
1	Entre 70 lachter et 90 lachter.	65.320	288.000	222.680
1	— 90 — 110 —	67.320	288.000	220.680
1	— 110 — 130 —	69.320	288.000	218.680
1	— 130 — 150 —	71.320	288.000	216.680
1	— 150 — 170 —	73.320	288.000	214.680
1	— 170 — 190 —	75.320	288.000	212.680
1	— 190 — 210 —	77.320	288.000	210.680
1	— 210 — 230 —	79.320	288.000	208.680
1	— 230 — 250 —	81.320	288.000	206.680
		781.436	3.024.000	2.242.564

Je ferai remarquer en dernier lieu que j'ai admis une augmentation des frais égale à **2.000** florins pour chaque augmentation de profondeur égale à **20** lachter (**40** mètres).

Les machines étant ainsi supposées si fortes qu'il n'y a plus rien à craindre, on peut encore, avec la galerie à **50** lachter, s'engager sous le gîte minéral du Herrensegen, qui est aussi riche que celui de Friedrich-Christian. Cette gale-rie étant conduite à **198** lachter du nouveau puits, attaque le gîte sur une longueur de **100** lachter (**200** mètres), ainsi que l'indique l'inclinaison qu'affecte jusqu'ici ce dernier ; si on la prolonge encore de 88 lachter dans le champ minéral, on arrive sous le puits principal profond de 30 lachter (60 mètres), qui doit venir se relier à cette galerie. Pour mettre ainsi en communication la galerie à 50 lachter et la galerie principale du Herrensegen, communication d'où résultera en premier lieu un bon aérage, et qui permettra en second lieu l'écoulement, au niveau de 50 lachter, vers le puits, aux machines de Friedrich-Christian, des eaux de fond du Herrensegen, qui jusqu'à présent ont été élevées par des pompes à main au niveau de la galerie principale du Herrensegen, il faut admettre la dépense de temps et d'argent qui suit :

Construction de la galerie principale sur 249 lachter à 12 florins....................	2.988 fl.
Planches et caniveaux, 249 lachter à 1 fl..	249
Achèvement d'un ancien puits sur 30 lachter à 60 florins..........................	1.600
Installation de 7 pompes à main à 100 fl.	700
Achèvement (boisage) du puits sur 50 lachter à 15 florins........................	750
Extraction des matériaux du puits, 50 lachter à 14 florins..........................	700
Total..........	6.987 fl.

Pour ces travaux, le temps nécessaire sera :

Construction de la galerie principale........................	7 mois.
Achèvement de l'ancien puits..	6 mois.
Percement du nouveau puits sur 20 lachter....................	7 mois.
Ensemble......	20 mois.

Si l'on entreprend ces travaux en même temps que ceux

de Friedrich-Christian, ils seront terminés en même temps que l'abattage entre la galerie à 40 lachter (80 mètres) et celle de 50 lachter (100 mètres), de cette dernière mine, et si, dès le commencement de l'exploitation on s'enfonce sous le Herrensegen, on peut s'avancer de 32 lachter avant que cette exploitation soit achevée.

La longueur de la galerie entre le puits principal du Herrensegen et le puits des machines devant être de 286 lachter (572 mètres), les points extrêmes (les parties à percer à la profondeur de 50 lachter (100 mètres) seront distants de 254 lachter, en retranchant les 32 lachter indiqués ci-dessus.

Si on pousse les chantiers le plus vite possible à la rencontre l'un de l'autre, ils pourront se joindre en 2 ans 4 mois, et les frais nécessaires seront les suivants (y compris ceux pour les 32 lachter) :

286 lachter de galerie, y compris la poudre
et les outils, à 35 florins...................... 10.010 fl.
  Boisage et plancher, à 6 florins......... 1.716
  Extraction, à 8 florins................... 2.288
  Comme les eaux doivent être provisoirement élevées avec les déblais pendant la mise en état de l'ancien puits, on peut compter, pour 35 mois seulement, l'épuisement,
à 184 florins.............................. 6.440
  Cuir, graissage, accessoires, travaux de charpente............................... 300
  Engins d'extraction et de roulage....... 600
  Travail de la forge..................... 400
  Si l'on ajoute les frais indiqués à la page précédente (galerie principale, puits, pompes, boisages, extraction)....... .... 6.987

On a un total de........... 28.741 fl.

Pendant ce temps, on peut exploiter le gîte minéral sur

une longueur de 100 lachter et une profondeur de 10 lachter : c'est le même filon que de l'autre côté de la vallée à
Friedrich-Christian ; sa puissance moyenne est de 5 pouces,
minerais de plomb et de cuivre, sur 2.000 lachter q., soit
36.000 pieds cubes minerais bruts. Un pied cube préparé
donne 1 quintal à 10 florins, soit en somme 360.000 fl.

Cette exploitation demande 15 mois de temps et les frais
suivants :

Abattage correspondant à 2.000 lachter q., à 18 florins...............................	36.000 fl.
Extraction de gangue et minerai correspondant à 1.000 lachter q., à 10 florins....	10.000
Préparation de 36.000 quintaux de minerai à 12 kreutzer......................	7.200
Boisage de 20 lacthter de galerie, à 8 fl..	160
Plancher et caniveaux de galerie, à 2 fl...	40
Matériel pour l'extraction et le roulage...	1.400
Travail de forge pour 15 mois, à 12 fl....	180
Entretien des pompes et divers travaux de charpente, à 20 florins........	300
Bois nécessaires pour ces travaux, à 60 fl.	900
Fer et acier, à 40 florins..	600
Total..........	56.780
Et en outre les frais des travaux préparatoires ci-dessus...........................	28.741
On a une somme totale de.........	85.521 fl.

Si l'on retranche ces frais des travaux préparatoires et de
l'exploitation, du produit net indiqué plus haut, il reste un
excédant de 274.479 florins.

Continuant à foncer le puits pendant cet abattage, on peut
atteindre la profondeur de 90 lachter ; on pourrait aussi, si
l'allure de la mine le permet, se diriger vers le puits des machines de Friedrich-Christian. Dans ce dernier on a dû avoir

atteint déjà depuis 5 mois la profondeur de 90 lachter, et, par suite, on a pu s'avancer de 25 lachter. Si on les retranche des **286** lachter, développement total de la galerie, il reste 261 lachter à percer. Avec un avancement de 9 lachter (18 mètres) et des chantiers allant à la rencontre l'un de l'autre, on aura terminé en 29 mois, à 35 florins par lachter (et en comptant les 25 premiers lachter (50 mètres) 10.010

Boisage, à 6 florins en moyenne par lachter 1.608

Extraction du puits, comptée avec le chemin de fer, jusqu'au puits des machines de Friedrich-Christian, à 15 florins le lachter . . . 4.290

Fonçage du puits sur 40 lachter, à 80 fl. . . 3.200

Boisage de ce puits, à 15 florins le lachter. 600

Installation entre les profondeurs de 50 et 90 lachter des pompes établies au-dessus du niveau de 50 lachter et devenues inutiles . . . 250

Rigole d'eau de 286 lachter (572 mètres) pour permettre, vers la machine d'épuisement par la galerie de 50 lachter, l'écoulement des eaux de fond élevées de la profondeur de 90 lachter, à 2 florins 572

Élévation des eaux de la profondeur de 90 lachter à celle de 50 lachter, 29 mois, à 160 fl. 4.640

Graissage, cuir, travaux de charpente, accessoires 400

Matériel d'extraction et de roulage 1.000

Fer et acier 800

Travail de la forge 1.300

Divers travaux de charpente, accessoires. 2.000

Bois nécessaires 4.000

Surveillance spéciale 1.800

Total . . . . 36.470 fl.

Pendant ce temps on peut exploiter le gîte minéral sur une hauteur de 40 lachter et une longueur de 100 lachter ; on obtient ainsi 72.000 pieds cubes de matière minérale brute correspondant à cette surface de 4.000 lachter q., selon les probabilités actuelles, ce qui fait 72.000 quintaux de minerai pur à 10 florins en moyenne le quintal, en somme 720.000 florins.

Pour l'abattage, l'extraction et la préparation de ces matières, les frais sont les suivants :

Abattage correspondant à 4.000 lachter q.,
à 18 florins..........................   72.000 fl.
Extraction des minerais et gangues correspondant à
2.000 lachter q., à 10 florins............   10.000
Préparation de 72.000 quintaux, à 12 k°..   14.500
Boisage de 20 lachter de galerie, à 10 fl..   200
Chemin de fer, 20 lachter, à 3 florins....   60
Matériel d'extraction et de roulage.......   3.000
Forgerons et forge....................   1.500
Fer et acier........................   3.000
Divers travaux de charpente, accessoires.   4.000
Bois pour ces derniers................   6.000
                                        ————————
                        Total...........   114.160
Frais des travaux préparatoires 36.470
                                        ————————
                        Total général..........   150.630 fl.

Si l'on retranche ces frais des travaux d'exploitation et de préparation, de la valeur nette du minerai, il reste, outre les minerais situés encore au-dessous, un excédant de 560.500 florins; et pour exploiter les 160 lachter de minerais inférieurs, il faut 9 années 2/3 d'après la durée de l'exploitation exécutée jusqu'à présent ; comptant les frais d'exploitation pour une profondeur de 40 lachter, chaque fois admettant qu'ils sont à peu près les mêmes, sauf les frais d'extraction, et que la teneur des minerais reste la même, comme il y a lieu de l'espérer, on peut exploiter le gîte minéral du Herrensegen dans le temps et avec les profits et bénéfices indiqués ci-dessous.

MOIS.		FRAIS.	PROD. NETS.	BÉNÉFICES.
		Florins.	Florins.	Florins.
28	Achèvement des travaux préparatoires jusqu'à la profondeur de 50 lachter..........................	85.521	360.000	274.479
28	Achèvement des travaux préparatoires entre les profondeurs de 50 et 90 lachter et exploitation des minerais y inclus..................	150.630	720.000	569.370
30	Exploitation du gîte entre les profondeurs de 90 et 130 lachter....	152.630	720.000	567.370
30	Entre les profond. de 130 et 170 l.	154.630	720.000	565.370
30	— 170 et 210 l.	156.630	720.000	563.370
30	— 210 et 250 l.	158.630	720.000	561.370
176	Totaux............	858.671	3.960.000	3.101.329

Remarque. — Une augmentation de 2.000 florins a été admise par chaque augmentation de 40 lachter en profondeur.

RÉCAPITULATION.

La mine de Friedrich-Christian livre, en l'espace de 11 années 8 mois, 3.024.000 florins de minerais avec 781.436 florins de frais, et produit un excédant de florins de........................... 2.242.564

La mine de Herrensegen livre, en 14 années 9 mois, 3.960.000 florins de minerais avec une dépense de 858.671 fl. (pour 250 lachter de profondeur) et produit un excédant de florins de 3.101.329

Total.......... 5.343.893 fl.

De cette somme, il faut retrancher encore :

Pour le renouvellement annuel de la conduite d'eau de Wildschapbach......	400 fl.
Pour celle de Hirchbach.	300
Pour un atelier nouveau de cassage et de triage...	4.000
Pour un atelier à bocard avec tables à secousses et tables dormantes........	5.000
Achat de l'emplacement.	400
Concession d'eau payée une fois pour toutes......	600
Total........	10.700 fl.

Retranchant cette somme de celle qui précède........................... 10.700

Il reste un bénéfice de............. 5.333.193 fl.

Si ces deux gîtes conservent la direction qu'ils offrent jusqu'ici, ils peuvent être encore beaucoup plus riches que ne le suppose le calcul. Le plan ci-joint indique suffisamment cette direction.

RAPPORT

Le filon Bernard, dont la puissance est de un à trois pieds, est situé dans le gneiss, s'étend dans la ligne méridienne et est incliné de 75 à 85° ouest. Le minerai, qui est de la galène argentifère, se trouve principalement avec des dolomies, et son titre général est de 8 à 10 demi-onces au quintal, souvent 24 et çà et là 1 et 2 marcs. Il semble être le cément d'une brèche formée de fragments de gneiss de feldspath, d'argirolithe qui remplit les fissures du filon. Les anciens avaient découvert le filon dans la partie supérieure de la montagne par plusieurs galeries situées les unes au-dessus des autres, et en avaient fait une exploitation étendue jusqu'au-dessous du niveau de la galerie profonde.

Plus tard, l'association minière badoise prit en main l'exploitation, fonça un puits sur douze toises de six pieds dans de beaux minerais, et continua aussitôt à pousser des galeries de taille dans les deux directions. Là encore, le filon se montra plus ou moins riche en minerai. Mais le roulage dans la galerie longue de trois cents toises était très-coûteux, et en outre l'épuisement, en raison de l'affluence des eaux, exigeait des dépenses disproportionnées; aussi, l'on interrompit les travaux de recherche.

En 1856, la nouvelle société d'exploitation des mines de la vallée de la Kintzig reprit les travaux, et à cent cinquante toises au nord du puits précédemment abandonné, là où débouche la galerie transversale, elle creusa un puits sur une profondeur de onze toises, pour faire de ce point la recherche de tout le champ nord encore entier, et du champ sud, à l'aide de galeries. Mais, comme le filon a une inclinaison de 65° et que le puits fut foncé verticalement au moyen de la machine d'épuisement, on perdit le filon sur le long parement ouest à la profondeur de sept toises.

Pour rechercher de nouveau le filon, on poussa, à la profondeur de dix toises, des galeries de fond à angle obtus qui, au commencement d'août 1857, d'après la boussole, n'étaient éloignées du filon que d'une toise, mais, après que cette société eut complétement abandonné ces mines, le 9 août 1857, ces percements furent aussi arrêtés. Les minerais trouvés dans les puits étaient des minerais de bocard assez riches. Ils furent conduits au bocard et à l'atelier de lavage d'Oberwolfbach, que cette société à fait construire ; ils y furent traités et donnèrent au quintal 15 à 20 livres environ de minerai pur.

Pour rechercher ce filon d'une manière plus nette et préparer l'exploitation, il faut d'abord pousser jusqu'au filon les deux tailles ou galeries, et, aussitôt après l'avoir atteint, conduire deux galeries aussi vite qu'il sera possible, l'une au sud pour venir rejoindre le puits situé à 150 lachter au sud, l'autre au nord pour faire la recherche de tout le champ encore intact. Quand, avec la première galerie, on aura atteint le puits du sud, on pourra faire, en partant de là, une belle exploitation. Pour pouvoir pousser plus loin cette galerie et installer surtout une exploitation plus considérable de la profondeur, il faudrait relier entre eux les divers travaux, afin d'obtenir un bon aérage.

Pour établir cette liaison, il faudrait la dépense de temps et d'argent suivante :

Percement de la galerie principale, 155 toises à 10 florins...................................... 1.550 fl.

Planches, 155 toises à 2 florins......... 310

Percement du puits sur 12 toises, boisage, extraction, à 18 florins.................... 216

Matériel de roulage et extraction........ 100

Mise en état du puits du nord.......... 24

Réparation du plancher, quelques toises du boisage à rétablir...................... 12

155 toises de galeries jusqu'au puits du sud et le boisage, à 36 florins................ 5.580

Planches et caniveaux, 155 toises à 2 florins. 310

Roulage, extraction des gangues et minerais correspondant, à 8 florins........... 1 240

Travail de forge spécial............... 100

Pour l'installation des travaux il faut le temps suivant :

155 toises de galerie principale, 19 toises par mois : 8 mois.

Fonçage du puits, 12 toises, à 4 toises par mois : 3 mois.

Aussitôt le puits ouvert, si l'on se dirige en même temps à l'est et à l'ouest, les deux tailles entre le puits du sud et celui du nord peuvent se rencontrer après onze mois, et par suite, pendant ces vingt-deux mois, les eaux de fond qui s'élèvent à 1/3 de pied cube par minute, et qui pendant onze mois proviennent des deux puits, pendant onze mois seulement exigent pour leur épuisement...................... 300

Pendant ce temps, la taille poussée vers le sud s'avance encore de 55 toises, à 36 florins. 1.980

Caniveaux et planches, 55 toises à 2 florins. 110

A reporter.......... 11.832 fl.

Report.......... 11.832 fl.

Roulage et extraction de la gangue et du minerai, correspondant à ces 55 toises, à 8 fl.   440

Total.......... 12.272 fl.

Ainsi, on arrive en 22 mois à un développement de travaux de 210 toises exigeant une dépense de 12,272 florins. Au delà de cette galerie, on a donc un gîte minéral de 150 toises de longueur et environ 5 pouces de puissance, composé d'une masse de minerai de bocard, et pour la plus grande partie de riches minerais de bocard; et si, avec la galerie du sud à 11 toises, on pousse encore 100 toises plus loin, on possédera, avec l'allure du gîte observé dans la galerie principale, un champ minéral plus vaste de 50 toises de longueur.

Ainsi, sur un développement de 310 toises, on a un champ minéral de 200 toises. L'abattage, l'extraction, la préparation, exigent les dépenses suivantes :

100 toises de galerie, à 36 florins......	3.600 fl.
100 toises de planches et caniveaux, à 2 fl.	200
Extraction des gangues et minerais, correspondant à 100 toises, à 8 florins.......	800
Abattage correspondant à 2,200 toises, 9 à 18 florins............................	39.600
Roulage et extraction correspondant à la moitié, à 8 florins.	8.800
Matériel d'extraction et roulage........	2.090
Bois et divers travaux de charpente....	1.900
Frais de forge, fer et acier...........	1.500
Épuisement de l'eau, 14 mois, à 12 fl...	168

Des 2,200 toises, on retire une masse de minerai de bocard, épaisse de 5 pouces, cubant 18 pieds la toise carrée, en somme,

A reporter.......... 58.658 fl.

Report.........	58.658 fl.

39,600 pieds cubes. Les frais de transport
à 6 k^er le quintal, sont.................. 3.960

La préparation de ces 39,600 pieds cubes
coûte 3,960 florins..................... 3.960

Total.........	66.578 fl.

Après lavage, on retire d'un quintal de minerai de bocard,
20 livres, et pour les 39.600 q. 7.520 quintaux de minerais
purs composés, à raison de 15 florins le quintal, ce qui
donne une somme de.................. 112.800 fl.

Si l'on retranche les frais des travaux préparatoires et de l'exploitation, ou......... 78.850

Du bénéfice indiqué plus haut, il reste,
outre les minerais situés dans la profondeur,

un excédant de..................... 33.950 fl.
correspondant à une exploitation de 3 ans.

Une fois le puits mis en état, si on les pousse toujours en
avant, on descend en 8 mois à une profondeur de 20 toises
plus forte (niveau de la galerie à 31 toises), et on peut, avant
que l'abattage au niveau de 11 toises soit terminé, partir du
puits en poussant une galerie à 31 toises. On découpe ainsi
un champ minéral de 4,000 toises q. qui, d'après les indications de l'ancienne exploitation, donnerait 14.400 quintaux
de minerai lavé, et un bénéfice par quintal de 15 florins, soit
en tout 216.000 florins.

Les frais d'abattage, d'extraction, de préparation sont
les suivants :

Fonçage de 2 puits sur 20 toises, 40 toises
à 60 florins........................... 2.400

Extraction des déblais, à 8 florins...... 320

Cuvelage des puits, 40 toises à 12 florins 480

A reporter.........	3.200 fl

Report.........	3.200 fl.
Percement de 310 toises (galerie à 31 toises) et boisage, à 36 florins............	11.160
Planches et caniveaux (310 toises) à....	620
Roulage et extraction (310 toises) à 10 fl.	3.100
Divers travaux de charpente.........	900
Bois nécessaires.................	560
Frais de forge, fer et acier...........	1.800
Abattage correspondant à 4.000 toises carrées, à 18 florins.................	72.000
Roulage et extraction correspondant à la moitié, à 10 florins.................	20.000
Matériel nécessaire................	3.000

En admettant, pour ces 4.000 toises q., une puissance de 5 pouces de minerai de bocard, ou a 72.000 pieds cubes en quintaux.

Le transport aux laveuses à 6 k{er} le pied cube............................	7.200
Le lavage à 6 k{er} le pied cube........	7.200

Quand cette exploitation sera terminée, au bout de 18 mois, au-dessus de la galerie à 31 toises, les eaux du fond seront élevées pendant 18 mois de 20 toises plus bas ou d'une profondeur de 31 toises, et pendant

ce temps les frais seront de...........	400
Surveillance et frais d'administration.....	2.000
Redevances à l'Etat et aux communes....	200
En somme...........	133.340 fl.

Si l'on retranche ces frais du bénéfice ci-dessus, il reste, outre les minerais situés dans la profondeur, un excédant de florins qui peuvent être recueillis dans les dix-huit mois suivants..................... 82.660 fl.

Pour abattre les minerais situés au-dessous, jusqu'à une

profondeur de **231** toises pour l'extraction, comme aussi pour pouvoir installer à bon marché l'épuisement des eaux, on aura besoin d'une machine forte de quinze chevaux, que nous compterons avec l'achat, l'installation, les ponts, etc...... .... 14.000 fl.

Si l'on compte les frais précédents d'épuisement des eaux, ainsi que les frais d'extraction, considérablement diminués par l'entretien de la machine, les frais d'exploitation ultérieurs restent à peu près les mêmes que ceux indiqués, et on peut exploiter les **200** toises situées au-dessous dans le temps suivant et avec les bénéfices suivants :

DURÉE EN ANNÉES.	DÉSIGNATION DES EXPLOITATIONS.	FRAIS.	PROD. NETS.	BÉNÉFICES.
		Florins.	Florins.	Florins.
3	Pour terminer les travaux préparés et l'exploitation au-dessus de 11 toises......................	78.850	112.800	33.950
1 1/2	Exploitation du champ minéral — Entre 11 et 31 toises.	133.340	216.000	82.660
1 1/2	— — 31 et 51 —	135.340	216.000	80.660
1 1/2	— — 51 et 71 —	137.340	216.000	78.660
1 1/2	— — 71 et 91 —	139.340	216.000	76.660
1 1/2	— — 91 et 111 —	141.340	216.000	74.660
1 1/2	— — 111 et 131 —	143.340	216.000	72.660
1 1/2	— — 131 et 151 —	145.340	216.000	70.660
1 1/2	— — 151 et 171 —	147.340	216.000	68.660
1 1/2	— — 171 et 191 —	149.340	216.000	66.660
1 1/2	— — 191 et 211 —	151.340	216.000	64.660
1 1/2	— — 211 et 231 —	153.340	216.000	62.660
19 1/2	Totaux............	1.655.590	2.488.800	833.210

Pour chaque augmentation de 20 toises dans la profondeur, ous avons compté **2.000** florins en plus.

Ainsi donc, on retire d'une profondeur de 231 toises, d'après la teneur qu'a présentée jusqu'ici le minerai, avec une dépense de 1.655.590 florins, un produit de 2.488.800 florins, ce qui donne un excédant de 833.210 florins, réalisé en 19 années 1/2.......................... 833.210 fl.

Il faut néanmoins en retrancher :

Achat, installation d'une machine de quinze chevaux, pompes, etc............ 14.000 fl.

Atelier de cassage et triage............ 1.000

Entretien spécial du bocard et de l'atelier de lavage à 400 florins par an............ 7.800

Surveillance spéciale des machines, 6.00 f. par an................................ 11.700

Entretien spéciale de la machine, 15 ans à 2.000 fr................................. 30.000

100 toises, galerie du nord, pour rechercher la région située vis-à-vis ce qu'on nomme le Reitingrund, à 36 florins par toise pour la taille et le boisage............ 3.600

Extraction, 100 toises à 8 florins........ 8.00

Plancher et conduite d'eau, 100 toises à 2 florins................................. 200

Outils d'extraction et de roulage......... 100

Total........... 69.200

Si l'on retranche cette somme du bénéfice net indiqué plus haut, il reste un excédant net

de florins.............................. 764.010

La galerie du nord, longue de 100 toises, conduit sur le filon, vers l'autre flanc de la montagne ; on trouvera un champ minéral beaucoup plus beau à abattre à peu de frais dans cette région vaste et puissante.

Il résulte des détails estimatifs dans lesquels nous sommes

entrés, que nous sommes autorisés à conclure notre rapport comme suit :

Avec la somme totale de deux cent vingt-deux mille six cent sept florins (222.607), ou quatre cent soixante-dix-huit mille six cent cinq francs cinq centimes (478.605 f. 05), applicables :

1° à la mine de	Friedrich-Christian.....	58.236 fl.
2°	Herrensegen..........	85.521
3°	Saint-Bernard........	78.850
	Total..........	222.607

On obtiendra un bénéfice de six millions quatre-vingt-dix-sept mille deux cent trois florins (6.097.203 florins), ou treize millions cent huit mille neuf cent quatre-vingt-six francs trente-cinq centimes (13.108.986 fr. 35 c.), pendant une période d'exploitation qui ne dépasserait pas 14 ans.

Oberwolfach (grand-duché de Bade), le 1er octobre 1860.

Signé : SPRINGMANN.

NOTE

SUR LES RAPPORTS PRÉCÉDENTS

Depuis huit mois, j'ai étudié avec soin les mines de la concession du prince de Fürstenberg et particulièrement les filons du plomb et cuivre argentifères de Friedrich-Christian, de Herrensegen, de Saint-Bernard et l'immense gisement de sulfate de baryte du Hundskopf. J'ai donc pu commenter et vérifier les rapports sur ces mines de MM. Henry et Springmann, je les ai trouvés exacts.

Le détail des travaux à exécuter que donne M. Springmann pour arriver à une exploitation lucrative est fait avec beaucoup de vérité ; ces travaux, une fois établis, doivent remplir les espérances fondées à juste titre sur ces filons.

Les propriétaires des usines et mines du Kinzigthal m'ayant offert de diriger leurs travaux, je n'ai pas hésité un seul instant à leur prêter mon concours comme ingénieur ; j'ai même voulu les aider de mes propres capitaux après avoir été moi-même visiter scrupuleusement les gisements et m'être persuadé de l'avenir que présente ce bassin minéralogique.

Les différents travaux d'exploration faits sous ma direction et particulièrement ceux sur le filon de Friedrich-Christian dans la galerie au niveau de **80** mètres m'ont permis de constater que les prévisions de M. Henry et les miennes se réalisaient.

L'accumulation des travaux anciens dans les parties su-

périeures, les collections fort belles réunies avec soin à l'u-
sine et enfin les beaux minerais de cuivre et plomb
argentifères retirés dans mes travaux de sondage seulement,
m'ont confirmé dans mes idées qu'il existait dans ce bassin
de grandes richesses minéralogiques devant, dans un temps
assez rapproché, faire réaliser aux propriétaires de fort
beaux bénéfices.

Paris, 1ᵉʳ février 1861.

J. Sellier,
Ingénieur civil.

OBSERVATIONS

a Galerie principale de Friedrich-Christian.

b Ancienne roue hydraulique pour épuiser les eaux.

c Ancien puits de découverte du filon.

d Nouveau puits vertical d'épuisement et d'extraction non terminé.

e Nouvelle roue de 48 pieds, prête mais non installée.

f Roue d'extraction des minerais et des gangues, presque prête, mais non installée.

g Galerie qui doit amener les eaux du Wildschapbach aux deux dernières roues.

h Galerie d'écoulement par laquelle seront emmenées toutes les eaux.

i Partie du puits d'extraction encore à foncer jusqu'à la machine à vapeur.

j Machine à vapeur.

k Galerie à 10 lachter par laquelle les eaux s'écoulent vers la galerie d'écoulement.

l Galerie à 30 lachter.

m Gîte à exploiter.

n Galerie à 40 lachter.

o Galerie à 30 lachter, dirigée vers le Herrensegen.

p Galerie principale du Herrensegen.

q Galerie intermédiaire du Herrensegen.

r Galerie supérieure du Herrensegen.

s Puits des pompes à foncer.

t Champ minéral du Herrensegen.

u Lignes de séparation entre le champ stérile et le filon.

v Galerie d'abattage projetée.

w Champ stérile.

x Puits d'abattage.

y Galerie à travers bancs.

www.ingramcontent.com/pod-product-compliance
Lightning Source LLC
LaVergne TN
LVHW011354170726
843501LV00006B/1817